*»Kein Friede zwischen den Menschen
ohne Frieden mit der Natur.«*

– nach Carl Friedrich von Weizsäcker

Anvertraut

Naturgedichte

von

Jürgen Sanders

Bibliographische Information der Deutschen Nationalbibliothek:
Die Deutsche Nationalbibliothek verzeichnet diese Publikation in der
Deutschen Nationalbibliographie; detaillierte Informationen sind im Internet über http://dnb.dnb.de/ abrufbar.

© Jürgen Sanders, 2024

Hrsg., Satz und Gestaltung: Lukas Sanders

Verlag: BoD · Books on Demand GmbH,
In de Tarpen 42, 22848 Norderstedt
Druck: Libri Plureos GmbH, Friedensallee 273, 22763 Hamburg

ISBN: 978-3-7693-1241-6

Der gute Hirte

Und ob ich schon was sollen Gärten
wanderte und Kinder spielen
durstig suchten wir die Felder

Quellen tote Fische treiben
liegen brach und überhörten
im finstern Tal sind nicht bestellt

Einsam fürchte ich verloren
das leise Plätschern hinter Türen
wir tun kein Unglück stehen still

Des Baches Störfall auf den Flüssen
werde ich gewiss nicht fallen
denn du bist bei mir Hand in Hand

Schmetterlinge

Wo sind weißt du noch im Frühling
flatterten vorbei auf Wiesen
Nektarfreunde bunte Falter

Blütenspanner Blumen bieten
Großer Fuchs und Admiral
Gifte sich Geheimnis an

Kein Duft lockt mehr
zieht an es fliegt
kein Trauermantel mehr vorbei
kein Postillion es war einmal

Krise

Schockstarre
Innehalten
ein Atemholen
für uns und die Natur
Wie wird es weitergehen

Ungewissheit

Das Kreuz versinkt
steigt aus dem Meer
Bangen und Hoffen
Blätterfallen Vogelsteigen
Ich warte ab bewege mich
im Stillgang

Im Tal

Durstig suchen wir
die Quelle
überhören
das leise Plätschern
des Baches

Im Schnee

Die Landschaft
eingeweißt
durchlichtig hell
wir hinterlassen
Spuren

Was bleibt

Eingrausam
allein
ich füttere
Vögel im Garten
Ein Lächeln
bleibt zurück

Störfall

Taumle Tschernobyl verloren
Meine Hände Blätter fallen
Suchen gibt es noch im Frühling
Radioaktiver Regen

Hoffnung in entlaubten Zweigen
Nur ein Störfall singt kein Vogel
Stehen still nach Halt und warten
Greifen Hand in Hand ins Leere

Tsunami

Tod
Verwüstung
Leid
Mit einem
Wellenschlag

Ausgelöscht

Verbrannte Schatten
Die Asche verweht im Wind
Tiefschwarzer Regen

Berge

Welke weil wir uns auf dieser
Felder liegen brach wir träumen
Vor uns Berge Lifte Muren

Sanft von Blumen Alpenrosen
Kahle Hänge Schlammlawinen
Ruhe platt gewalzte Wiesen

Welt nicht ganz und hoffen leise
Menschenleere Dörfer Täler
Vor dem Sturm zu Hause fühlen

Im Juli

Die Glasscherbe
brennt Wälder
Häuser nieder
Um und in uns
Asche und Rauch

Zwischen Hoffen und Bangen

Weitköpfig denkst du
Alles zerfällt
Die Welt aus den Fugen
Zweifelnd stehst du
offenhändig
auf schwankendem Boden

Ratlos

Verhässlichte Landschaft
vogelfrei
trockene Hitze
verdorrte Bäume
Was blüht uns

In der Vorstadt

Zerstaltete Landschaft
Hochhausblöcke
die Zwischenräume ausgegrünt
Menschen eingezimmert
voneinander abgewandet
wohnen zusammen
nebeneinander
allein

Immer weiter

Die Schöpfung erschöpft
Der Fortschritt duldet keine Pause
Wir müssen immer weiter
bis uns die Puste ausgeht

Zweifel

Die Schöpfung erschöpft
Die Welt zerfällt
zwischen Hoffen und Bangen
Es ist noch immer gut gegangen
Von irgendwoher kommt
kein Lichtlein mehr

Kahlschlag

Stehe auf der Lichtung
spüre Eichen in mir wachsen
Riesige Baumkronen
rauschende Träume
werden wahr
bis ich erwache
vor dem Kahlschlag
hinter mir

Bienen

Wo sind die weißt du noch im Frühling
bestäubend Nektar sammelnd Bienen
Verlockend duften Blüten bieten
sich vergeblich an
Keine Äpfel Kirschen Birnen
Kräuter Erdbeeren Tomaten
kein Summen mehr
Es war einmal

Hoffnungsvoll

Wir führen Krieg
mit der Natur
unsere Kinder
schließen Frieden
wollen mit ihr
weiterleben

Hoffen

Nach Angst Verzweiflung
Finsternis
ein neues Aufhoffen
zaghaftes Leuchten

Waldsterben

Riesige Kahlschläge
tote Bäume
Fichtengrau
Ein Bach, Feuchtwiesen
die Bank unter Erlen
Ich setze mich
schließe die Augen
Plätschern, Blätterrauschen
erinnere mich
an dichte grüne Wälder
Morgen pflanze ich einen Baum

Durchatmen

Hochöfen, Zechen, Kokereien
Qualmende Schornsteine
wir rauchten auf Lunge
filterlos
Nun atmen wir durch
in Umweltzonen

Lichtblicke

Steinkohle abgebaut
Schächte verfüllt
Ewigkeitslasten
unter Tage
Lichtblicke
Sonne Wasser und Wind
über Tage

Unbeschwert

Will nicht mehr
Mensch sein
ich will tieren
Fledern nachtigallen
eulen
bei Vollmond
mit den Wölfen heulen
am Morgen faltern
pirolieren

Wildblüten

Blütenkelche in der Sonne
duften, bieten sich an
Bienen, Hummeln, Schmetterlinge
kommen vorbei
ein Nehmen und Geben

Waldspaziergang

Wind blättert
in den Bäumen
vielstimmiges Rauschen
Waldgeschichten
aus dem Buch der Natur

Waldbaden

Durchatmen im Waldsaal
umarme die Bäume
Ein Bad auf der Lichtung
Vogelmusik
Was für ein Tag

Im Wald

Gespräche
unter Bäumen
Zuhören
mit ihnen reden

Auf der Halde

Sanddornbüsche
Unter Gräser- und
Blätterrauschen
Geröll aus taubem Gestein
Wo wir sie in Ruhe lassen
beschenkt uns die Natur

Wildblüter
auf der Abraumhalde
Schotterblumen
Neues Leben

Am Weg

Zartblütig
blassrosa Orchideen
am Rand des Weges
zur Abraumhalde

Geborgen

Neben dem Licht
das Schattenliebchen
unscheinbar im
Blütenmeer geborgen

Erwacht

Märzenbrecher
Frühlingsläuten
Totgeglaubte
leuchtend weiß
erblüht

Nachtigall

Frühlingserwachen
Es ist nicht länger ein Traum
Die Nachtigall singt

Goldregen im Mai
Alle Nistkästen bewohnt
Wildbienen tanzen

Ein Meer von Blüten
leuchtend gelbe Narzissen
Glockenläuten

Treiben

Waldig bergsam
steinwärts ruht
Verlangen
Treibling welle
Bachbetörter

Blick in den Garten

Im Sichtbaren
hinterscheinende Bilder
Naturgestalten
ewig schön
tauchen auf
verschwinden
bleiben in mir

Ein Nachmittag im Garten

Seeblauer Himmel
Unschuldswolken reisen
Rotkehlchengesang
Du bist ein Schmetterling
träumst Fliegen

Rosengarten

Lavendelduft
im Rosenschatten
Farbtupfend
flügeln Falter
Rosenschein
im Garten

Sommerleicht

Blütenwellen
deine lachten
Zugewortet dir
und Wiesen
still am See
Dahingewehte

Nachmittags

Wolkenweiß ein grau
verschmierter Himmel
Hinter der Stirnwand
das Gute Wahre Schöne
Im See klar und rein
Blau und Sonne

Deine Stille

Du sitzt im Garten
erlebst die Natur
mit allen Sinnen
Ich stehe abseits
lese ein Buch
Du lächelst
rufst mich zu dir
ich finde mich
in deine Stille

Träumen

Sitze draußen
in der Unwirklichkeit
sehe die Hummel im Klee
Nektar saugen vergesse
die quälende Kreisgrübelei
träume mich davon

Im Wald

Liegen wir im Wald und träumen
überfarnt und atemweise
Baumgeworden zweigen rinden
klangefüllte Steine finden

Frühlingsnacht

Es ist so schön
mondlich´ im Garten
Wir sitzen im Schweigen
verträumen die Nacht
miteinander

Poesie

Zarte Blume blattlos bleiche
Nebelrisse Wortgestöber
Flügelträume Blütenschwinden
Mit den Wolken Blätter treiben

Am Ufer

Wassertief grundlos
unter den Wellen
dein Blau
unergründlich
Schreie von Kranichen
schaue hinauf
zum endlosen Himmel

Herbst

Goldenes Herbsten
Bäume leuchten
Blättern in Wäldern
buntes Treiben
stoppelige Felder
Wolken ziehen vorüber
Drachen tanzen im Wind

November

Herbstscheinen
Blätterbuntes Leuchten
Dahinter
tannenkalte Blicke
aus dem Winterbald

Spätherbst

Novemberstille
Zeit der Kerzen
Regenblicke
Herbstwortlose Tage

Schöne Aussicht

Übertannte Hügel
es riecht pilzig
farnweit blicken wir
der Himmel ruht
auf Wolken
es wird blau
Überflug der Schwalben

Der Wasserfall

Fallende Wasser
Wohlergießen
über Raum und Zeit
in der Klarheit
stiebende Tropfen
glänzende Schleier
ein Regenbogen

Im Urwald

Totholz Flechten
abseits der Wege
Über der Lichtung
ein Kreuzaufgang

Im Wald

Geborgen im Wortwald
Blättern in Bäumen
Farne Moose
unter Pilzen
geheime Botschaften
Datennetze
Über den Wipfeln
Rauschen

Momente

Windstille
Blätter verrascheln
nach dem leichten Wind
Ein Standbild
der ewigen Ruhe
in diesem einen Moment

Ins Licht

Graueinander stehen
zwei Buchen
halten sich
eng umschlungen
wachsen himmelwärts
ins Licht

Ebbe uns Flut

Das Sandwissen
ans Ufer gespült
vor unseren Augen
bis die Flut es
mit sich nimmt
ins Meer

Schneeschmelze

Vom Murgang
verschüttet
lecke heile Stille
ein Höhlenleben
in mir ein See

Beim Spaziergang

Grüngrashüpfer
Riesensprünge
sitzt auf dem Rücken
meiner Hand
lässt sich bewundern
auf dem Sprung
er ist so frei

Schattenspringer

Tief im hohen Tann
der immergrüne Jägersmann
sprang über seinen Schatten
pfiff auf den Fingern
nachts nach den Ratten
rief hinter den Eulen her
wünschte sich nichts so sehr
wie mit ihnen zu leben

Das Böse

Schwärze
überweißt
scheint grauhaft
verborgen
das Böse
es bleibt

Herzlos

Der Nächste
gewissensfrei
und böse
Sein Wille geschehe
Der Mensch ist
dem Menschen
kein Mensch

Einsicht

Ich wollte die Welt
verändern
aber die Welt
veränderte mich

Das Gute

Ich glaube nicht
an den guten Menschen,
aber an das Gute
im Menschen.